채지충의 만화로 보는 동양철학
8

옮긴이 이신지
이화여자대학교 중어중문학과를 졸업했다.
중국인민대학교에서 중문학을 공부하고 번역 활동 등을 하고 있다.

漫畫孫子兵法・韓非子 (The Art of War / Hanfeizi in Comics)
Copyright ⓒ 2013 by Tsai Chih-Chung
Korean Translation Copyright 2024 by DULNYOUK Publishing Co.
This translation is published by arrangement with Locus Publishing Company through SilkRoad Agency, Seoul, Korea.
All rights reserved.

이 책의 한국어판 저작권은 실크로드 에이전시를 통해 Locus Publishing Company와 독점 계약한 도서출판 들녘에 있습니다. 저작권법에 의해 한국 내에서 보호를 받는 저작물이므로 무단 전재와 복제를 금합니다.

채지충의 만화로 보는 동양철학 · 8
한비자 현실의 정치학
ⓒ 들녘 2024

초판 1쇄	2024년 12월 31일			
지은이	채지충(蔡志忠)			
옮긴이	이신지			
출판책임	박성규	펴낸이	이정원
편집주간	선우미정	펴낸곳	도서출판 들녘
기획이사	이지윤	등록일자	1987년 12월 12일
편집	이수연·이동하·김혜민	등록번호	10-156
표지 디자인	하민우	주소	경기도 파주시 회동길 198
마케팅	전병우	전화	031-955-7374 (대표)
경영지원	김은주·나수정		031-955-7384 (편집)
제작관리	구법모	팩스	031-955-7393
물류관리	엄철용	이메일	dulnyouk@dulnyouk.co.kr

ISBN 979-11-5925-918-0 (07150)
세트 979-11-5925-907-4 (07150)

값은 뒤표지에 있습니다. 잘못된 책은 구입하신 곳에서 바꿔드립니다.

채지충의 만화로 보는 동양철학 · 8

한비자

현실의 정치학

채지충(蔡志忠) 지음 · 이신지 옮김

들녘

서문

강력한 법이 부강한 나라를 만든다

들녘 편집부

한비자는 기원전 298년경 한(韓)나라의 왕족으로 태어났다. 당시 한나라는 전국칠웅(戰國七雄) 중 하나였으나 국토가 좁고 다른 나라들의 틈바구니에 끼여 있어 전쟁의 요충지로 늘 위험을 안고 있었고, 특히 진(秦)나라의 위협에 전전긍긍하고 있었다.
한비자는 자신의 나라인 한나라가 망해가는 것을 그대로 보고만 있을 수 없어 여러 차례 왕에게 계책의 글을 상소했으나 받아들여지지 않았다.
마침 젊고 패기왕성한 진(秦)나라의 시황제가 한비자가 쓴 글을 읽고 감탄하여 "이 글을 쓴 자와 만나 이야기를 나눈다면 죽어도 한이 없겠다"고 했다. 그리하여 한비자는 진나라에 사신으로 온다. 그러나 이사(李斯: 진나라의 정치가. 순자의 문하에서 한비자와 동문수학한 사이다)가 한비자를 모함에 빠뜨려 옥에 가둔 뒤 죽게 만들었다. (이 책의 「한비자의 일생」에 그 과정이 묘사된다.)

춘추전국시대에 설파된 경전들은 대부분 저작가가 현직에서 은퇴한 뒤 쓴 글이거나, 해당 사상가가 죽고 난 뒤 제자들이 정리한 문헌이 후세에 전해지면서 빛을 본 경우였다. 예외로 손자와 한비자만은 그들이 한창때 쓴 글이 세상에 알려졌다. 진나라의 시황제는 한비자의 철학을 받아들여, 강력한 중앙집권과 법치로 통치정책을 실천했으며, 혼란스러운 전국시대를 끝내고 중국을 통일했다.

한비자는 '현실적인 정치'를 해야 한다고 주장하면서 유가가 내세우는 인애(仁愛)를 바탕으로 한 덕치 정치를 비판했다. 한비자는 유가 사상에 대해 "현실의 정치에 대해 말하기는 서툴면서, 고대의 요순 시절에 대해서만 말하기를 좋아한다. 마치 개나 말을 그리는 데 서툰 화가가, 귀신이나 도깨비만 쉽게 그리는 것과 같다. 귀신과 도깨비는 눈에 보이지 않아 아무렇게나 괴이하게 그려도 남에게 그럴듯하게 보여줄 수는 있지만, 개나 말은 눈앞에 보여서 비슷하게라도 그리지 않으면 안 되므로 그리기가 쉽지 않다"고 말했다.
그리고 유가에서는 어지러운 세상을 구제하고 백성을 잘 다스리려면 요순과 같은 성인(聖人)이 나타나든지, 지금의 통치자들이 잘 수양하여 성인이 되어야 한다고 하는데, 이는 당장 굶주려 죽어가는 사람에게 기름진 쌀밥과 고기를 주지 않고 때가 오기를 기다리라고 하는 말과 같다고 비판했다.
한비자는 요순 같은 성인은 천년에 한번 나오는 것이지 잇달아 나오지는 않는다며, 범상한 수준의 인물이 세상을 다스리는 통치자의 역할을 하고 있다고 했다. 그래서 범상한 수준의 통치자가 어떻게 해야 부국강병을 이룩할 수 있는가에 대한 실질적인 해답을 제시하고자 했다. 한비자는 현실정치를 분석해 법(法)과 술(術)과 세(勢)를 내세워 그 해답을 풀었다.

세(勢)는 권세를 뜻한다. 고대의 성인인 요 임금도 아무 권한이 없는 필부(匹夫)였다면, 불과 세 사람도 다스리지 못했을 것이다. 또한 현명한 사람이 못난 사람에게 굽히고 따르는 이유는, 그 사람의 권세가 무겁고 지위가 높기 때문이다. 권세는 통치자의 권위와 지위를 말하고, 그 권세와 지위가 신하와 백성들을 통제하는 힘이다. 한편 이러한 권세를 신하와 나누어 가지면 곧 그 신하에게 모든 권한을 뺏기고 만다고 했다. 권세는 술과 법을 세우는 그 기틀이다.

술(術)이란 임금이 신하들의 능력을 평가하여 관직을 주고, 또 신하의 실적을 평가하면서 여러 신하들의 생사권을 쥐고 그들의 능력을 시험하는 것이다.

법(法)이란 임금이 매번 앞장서서 나서는 것이 아니라, 모든 관청에 명시되어 있는 법령을 통해 백성의 마음에도 상벌이 새겨져 있도록 하는 것이다. 법을 잘 지키는 자를 포상하고, 법을 어기는 자에게는 엄격한 벌을 주어야 한다. 신하는 법의 원칙을 따르고 익혀야 한다.

임금에게 술이 없으면 눈과 귀가 가려져 주변에서 하자고 하는 대로만 따르게 되고, 법이 없으면 신하와 백성들은 혼란에 빠진다. 그러므로 법과 술은 하나라도 없어서는 안 되며, 천하통일을 꾀하는 통치자라면 필수적으로 갖춰야 할 조건이다.

유가에서는 사람을 도덕적으로 잘 교육하여 국가의 번영과 사회질서와 평화를 가져와야 한다고 가르치지만, 한비자는 정반대로 강력한 법과 권력으로 나라를 부강하게 하고 사회질서를 굳건히 세워야만 백성들의 삶을 풍요롭게 할 수 있다고 한다.

목차

서문 ... 4

한비자의 일생 ... 11

한비자의 철학 ... 17
- 본분을 지켜라 ... 18
- 발톱과 이빨 ... 19
- 알기보다 말하기가 더 어렵다 ... 20
- 선의와 악의 ... 21
- 사람은 이익에 따라 행동한다 ... 23
- 성인에게는 부끄러움이 없다 ... 25
- 기자의 근심 ... 26
- 송나라 사람이 옥을 바치다 ... 28
- 한 번의 울음소리로 사람을 놀래키다 ... 29
- 승리를 얻는 법 ... 31
- 문왕의 수단 ... 32
- 자신을 이기는 자가 강하다 ... 33
- 교활함이 못난 정성만 못하다 ... 35
- 늙은 말 ... 37
- 벼룩과 이 같은 무리 ... 39
- 위나라 사람의 딸 ... 40
- 잘못된 판단 ... 41
- 먼 불로 가까운 불을 끌 수 없다 ... 42
- 명궁 예를 위해 과녁을 잡는 이유 ... 43
- 징조 ... 44
- 용기의 원천 ... 45
- 이들의 싸움 ... 46
- 여지를 남겨라 ... 48
- 책을 불태워버린 왕수 ... 49
- 입이 두 개 달린 벌레 ... 50
- 백락의 가르침 ... 51
- 법은 험한 골짜기처럼 ... 52
- 요행을 바라는 심리 ... 53

백성들이 물불을 가리지 않게 하라	54
월왕은 용감했고 백성들은 죽음을 두려워하지 않았다	55
인의란 농담일 뿐	56
사랑이 지나치면 법이 바로서지 못한다	57
관찰하는 방법	58
숫자만 맞춘 합주와 독주	59
월왕이 백성을 시험하는 법	60
백성들로 하여금 활 쏘는 법을 익히게 하다	62
우롱	63
물과 불의 성질	64
아내의 기도	65
태자는 아직 태어나지 않았다	66
타지 않은 머리카락	67
이해상반	69
코를 베인 미인	70
복씨의 새 바지	71
가시 끝에 조각한 원숭이	72
임금은 그릇이요 백성은 물과 같다	74
송양공의 인	75
진백의 혼수	77
수레 축만 못한 나무 연	78
견강부회	79
백마는 말이 아니다	81
다스림의 방법	82
쓸모없는 조롱박	83
채찍에 그린 그림	84
상자를 사고 보석은 돌려주다	85
자가당착	86
신발 사는 법	88
도깨비 그리기가 제일 쉽다	89
어느 부인의 인자함	90
좋아하므로 받지 않는다	91
현인을 감추지 않는다	92
공과 사를 분명히 하라	93
돼지를 잡은 증자	94
은혜를 베풀고 보답을 바라다	95

공과 사를 구별하다	96
걱정이 말을 살찌울 수는 없다	97
태자도 법을 지켜야 한다	98
오기의 아내	100
왕의 조건	101
술집의 사나운 개	102
제나라 왕후 간택	103
임금이 해야 할 일	104
치국의 기술	105
신하와 권위를 공유할 수 없다	106
이익으로 사람을 다스리면 미덥지 못하다	107
쌍두마차	108
요순의 장점을 다 갖기는 어렵다	109
자산의 판단	111
호랑이에 날개를 달아준 꼴	113
모순	114
좋은 약은 입에 쓰다	116
개미집에 걸려 넘어지다	117
토끼를 기다리다	118
옷소매가 길면 춤을 잘 춘다	119

한비자의 일생

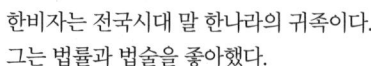
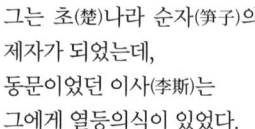

한비자는 전국시대 말 한나라의 귀족이다.
그는 법률과 법술을 좋아했다.

그는 초(楚)나라 순자(筍子)의 제자가 되었는데, 동문이었던 이사(李斯)는 그에게 열등의식이 있었다.

한나라는 전국칠웅(戰國七雄) 중 최약소국으로, 강대국 진(秦)나라와 인접해 있어 늘 위협을 느꼈으며

왕은 어리석어 중신들 손에 놀아났다.

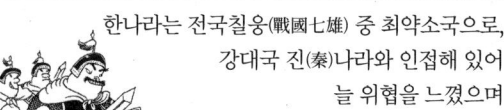
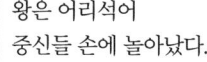

내우외환(內憂外患)이 잇따르는 마당에 방도를 찾지 않으면 결과는 뻔할진데….

한비자는 위기 상황을 절감하여 왕에게 수차례 상소를 올렸으나,

한비자의 철학

본분을 지켜라

한(韓)나라 소왕(昭王)이 술에 취해 잠들었다.

모자를 맡은 관리가 이를 보고 왕이 추울까 걱정하여 옷을 덮어주었다.

누가 나에게 옷을 덮었는가?

모자 관리입니다.

이에 왕은 옷 관리와 모자 관리를 모두 처벌했다.

옷 관리는 자기 직무에 소홀했고 모자 관리는 월권을 행했으니 벌을 받아 마땅하다!

왕에 대한 신하의 원칙은 자기 직분을 넘어 공적을 세워서는 안 되며, 말과 행동이 일치해야 한다는 것이다. 이 원칙을 따르면 주어진 임무를 잘 처리할 수 있다.

발톱과 이빨

호랑이가 사람을 해치고 짐승을 잡아 먹을 수 있는 것은 날카로운 발톱과 이빨이 있기 때문이다.

으악

이빨 빠진 호랑이가 무서울 리 있나!

호랑이에게 발톱과 이빨이 없다면 사람에게 굴복당할 것이다.

상과 벌, 권세는 임금의 발톱이며 이빨이다.

임금이 죽임을 당하고 나라가 망하는 것은, 신하들의 힘과 심복들의 위세가 너무 강하기 때문이다.

아직까지 권력을 잃은 임금이 국가를 보존한 예는 없다.

힘이 없는데 무서울 게 있나!

권세 없는 임금은 이빨 빠진 호랑이와 마찬가지다.

알기보다 말하기가 더 어렵다

남에게 충고하는 게 어렵다고 하는 이유는 충고받는 사람의 심리를 먼저 헤아려야 하기 때문이다. 이웃 노인은 부잣집과 친하지도 않은데 충고했기에 신용을 얻기는커녕 오히려 의심을 받았다.

사람은 이익에 따라 행동한다

월나라 임금 구천은 백성을 무척 사랑했다.

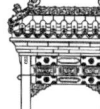

마차를 잘 모는 왕량(王良)은 말을 매우 사랑했고

이는 마차를 만드는 사람들이 착하고, 장의사는 인정이 없어서가 아니다. 사람들의 형편이 나아져야 마차가 잘 팔리고 누군가 죽어야 관이 팔리기 때문이다.

사람은 자신의 이익만 생각하는 경향이 있다. 어떤 일이 생기면 이득을 보는 사람도 있지만 손해를 보는 사람도 있다.

성인에게는 부끄러움이 없다

월왕 구천이 오나라에 가서 오왕 부차를 섬기며, 직접 무기를 들고 오왕의 길을 열어주었기에…

훗날 고소에서 부차를 죽일 수 있었다.

주나라 문왕은 상나라 주왕에 의해 옥살이를 하였으나 전혀 억울하다 내색하지 않았다.

그래서 그의 아들 부왕이 목야에서 상나라 주왕을 없앨 수 있었다.

구천이 패왕(霸王)이 되었기에 오왕을 섬긴 일이 흠이 될 수 없고, 무왕이 천하를 다스렸으니 아버지 문왕이 투옥된 것도 부끄러운 일이 아니었다. 하여 노자는 "성인은 괴롭게 여기는 바가 없기에 치욕이 없다"고 했다.

기자의 근심

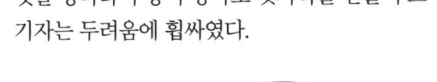

옛날 상나라 주왕이 상아로 젓가락을 만들어 쓰자 기자는 두려움에 휩싸였다.

음! 느낌이 안 좋은데….

자네, 어째서 그러는가?

송나라 사람이 옥을 바치다

와! 옥을 캐다니!

송나라의 한 시골 사람이 귀한 옥을 얻었다.

이렇게 좋은 옥은 자한(子罕) 대감께 바쳐야지!

대감님! 이걸 드리려고 가져왔습니다.

고맙지만 나는 받을 수가 없다네….

이렇게 귀한 보물은 응당 대감께서 쓰셔야요. 저 같은 백성은 쓸 수 없습니다.

이상과 가치관은 사람마다 다르다. 그래서 노자는 "군자는 남이 탐하는 것을 탐하지 않고 얻기 어려운 재화를 중히 여기지 않는다"고 말씀하셨다.

자네는 옥을 보물로 여기지만 나는 그 옥을 받지 않는 것을 보물로 여긴다네.

승리를 얻는 법

조나라 양왕은 왕량에게 마차 모는 법을 배웠다. 나중에 둘이 시합을 했는데, 왕이 세 번이나 말을 바꿨는데도 왕량에게 패하고 말았다.

네가 최선을 다해 가르치지 않은 것이 틀림없다.

모든 기술을 가르쳐드렸으나, 방법을 잘못 쓰신 것입니다.

마차를 몰 때 제일 중요한 것은 말과 마부의 마음과 행동이 하나되는 것입니다. 그래야 빨리 달릴 수 있습니다.

왕께서는 저를 추월하려고 제 마차가 어디 있는지만 신경 쓰셨기에 패하신 것입니다.

승리의 길은 집중하는 데 있다.
몸과 마음, 사물이 하나가 되어 완전히 통합되어야
최선의 경지에 이를 수 있다.

문왕의 수단

주(周)나라에 옥으로 된 판이 있었다. 주왕(紂王)이 교격을 보내 그것을 달라고 했으나, 문왕은 거절했다.

"미안하오만, 당신에게는 줄 수 없소."

"당신 체면을 보아, 드리겠소."

주왕은 다시 비중을 보내 옥판을 달라고 부탁했고, 문왕은 그에게 내주었다.

교격은 현인이었고, 비중은 무도했다. 문왕은 선한 사람이 중용되는 것을 원치 않았기에 비중에게 옥판을 내준 것이다.

문왕이 위수에서
강태공을 선택한 것은
현인을 중시한 때문이요,

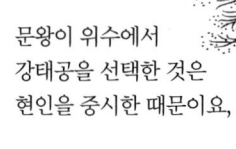

옥판을 비중에게 내준 것은
주왕을 없애는 데 도움이
되게 한 것이니

이는 악인을
잘 이용한 것이다.

스승을 공경하지 않고
자신에게 도움이 되는 것을
활용하지 않는다면,
비록 지혜가 있다 해도
혼란스러워진다.
이를 미묘한 도리라 한다.

자신을 이기는 자가 강하다

자하가 승자에게 물었다.

어찌해서
그리 살이 쪘나?

전투에서 이겼더니
살이 쪘다네.

교활함이 못난 정성만 못하다

위나라 장수 악양이 중산국을 공격하러 갔을 때, 그의 아들은 중산에 있었다.

장군님! 중산국의 왕이 아드님을 삶아 그 국물을 보내 왔습니다.

내 이 국물을 마시고 중산 땅을 빼앗으리라!

악양이 중산국을 멸망시키고 돌아오자 위나라 문왕은 그의 공로를 치하하면서도 그의 충성심을 의심하였다.

악양이 나를 위해 아들의 살까지 먹었다는데…

위나라 문왕이 도사 찬에게 말했다.

아들의 살까지 먹는 이가 누구 살인들 안 먹겠습니까?

35

늙은 말

"공자를 보고 나니 자네가 이나 벼룩처럼 보이는군. 난 공자를 임금께 추천하려 하네."

"임금님께서 공자를 보시면 당신 또한 벼룩이나 이처럼 여길 텐데요?"

그리하여 태재는 공자를 임금에게 천거하지 않았다.

아랫사람들은 종종 총애를 잃을까 두려워 자기보다 뛰어난 사람을 추천하지 않는다.

현명한 사람이 그늘에 가리지 않도록 인재를 등용하는 것이 임금의 과제다.

위나라 사람의 딸

위나라 사람이 결혼하는 딸에게 당부했다.

"결혼하면 꼭 네 주머니를 챙겨라. 쫓겨나는 경우가 많으니 만약을 위해서 하는 말이다."

딸은 아버지 말대로 몰래 돈을 모았다.

그 사실을 안 시모는
며느리를 쫓아냈다.

아버지! 저 쫓겨났어요.
하지만 돈은 결혼할 때보다
두 배나 불어났어요.

잘했다.
참 총명하구나.

인간이 자기 이익만 생각하는 이기심이 지나치면
꼭 지켜야 할 본분마저 잊어버린다.
오늘날 관리들 중에 이런 부류가 많다.

잘못된 판단

노나라에 한 부부가 살았다.
남편은 짚신을, 아내는 비단을 잘 지었다.
그들은 더 잘살아보려고 월나라로
이주할 계획을 세웠다.

월나라에 가면 분명히
고달파질 것이오.

아니, 왜죠?

성공하기 위해서는 적절한 시간과 장소에서
합당한 일을 해야 한다.
시간과 장소를 잘못 선택하면 실패하기 마련이다.

먼 물로 가까운 불을 끌 수 없다

지금 초와 진이 강대국이지만 거리가 멀고, 적국인 제나라는 우리와 인접해 있습니다. 일단 제나라와 싸움이 벌어지면 초와 진의 도움은 쓸모가 없을 것입니다.

일을 도모함에 있어
실제적인 효용과 이익이 있어야 한다.
바닷물이 아무리 많아도
가까운 불을 끌 수 없고,
월나라 사람이 아무리 수영을 잘해도
물에 빠진 아들을 구할 수는 없다.

가장 좋은 도움은
필요할 때 쓸 수
있는 것이어야 한다.

명궁 예를 위해 과녁을 잡는 이유

만약 후예 같은 명궁이
깍지를 끼고 장대를 두른 뒤
활을 쏘려 하면

먼 월나라에서 온 손님이라도
다투어 과녁을 잡으려 하겠지만

어린아이가 활을 쏘려 하면
그 어머니라도 방 안으로 피해 문을 닫을 것이다.

실패할 우려가 없는 일이라면
낯선 사람이 행한다 해도 믿겠지만
불확실한 일 앞에서는 자식도 믿기 어렵다.

징조

그는 결국 참지 못해
집을 팔고 이사하려 했다.

난폭한 망나니와 이웃해 사는
남자가 있었다.

무슨 일이든 사전에 징후가 있는 법이다.
일이 터지기 전에 대책을 세워야지,
무시해서는 안 된다.

용기의 원천

장어의 생김새는 뱀과 같고

누에의 모습은 애벌레 같다.

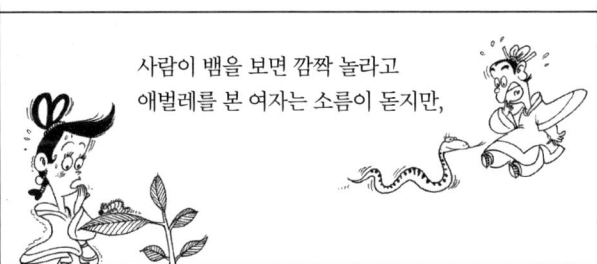

사람이 뱀을 보면 깜짝 놀라고
애벌레를 본 여자는 소름이 돋지만,

누에 키우는 농가의 아낙네는
누에를 사랑스러워한다.

어부는 장어를 보면
신이 나서 한 방에 낚아채고

누구나 득이 되는 일이면
혐오감과 두려움을 잊고
용감하게 나아가게 된다.

이들의 다툼

돼지 몸에 붙어 사는 이 세 마리가 싸우고 있었다.

여지를 남겨라

환혁이 말했다.

나무로 사람 모양을 조각할 때는 코는 조금 크게, 눈은 조금 작게 하는 것이 좋다.

코가 너무 크면 작게 하고, 눈이 너무 작으면 크게 하면 되니까.

만약 애당초 코를 작게 하면 다시 크게 만들 수 없고

무슨 일을 하든 미리 계획을 철저히 세워야 한다. 그래야 완전한 실패를 모면할 수 있다.

눈을 처음부터 크게 하면 다시 작게 할 수 없으니까.

책을 불태워버린 왕수

일이란 모두 인위적이며 인간의 행위는 형편에 따라 달라지는 법. 따라서 지혜로운 자는 이미 정해진 일에 연연하지 않는다.

왕수가 책을 짊어지고 주나라 수도로 가던 중에 서풍이라는 도사를 만났다.

책은 옛사람의 지혜를 기록해놓은 것에 불과하다. 지혜롭지 못한 사람은 책에만 빠져서 평생 읽다 죽을 것이다. 그런데도 그렇게 많은 책을 들고 걸어다닐 작정이냐?

왕수는 문득 깨닫는 바가 있어 책을 모두 태워버리고는 기뻐서 춤을 추었다.

지혜로운 자는 말로 사람을 가르치지 않는다.
책을 궤짝 속에 숨겨두지도 않는다.
오직 도를 실천할 뿐이다.

입이 두 개 달린 벌레

몸은 하나인데 입이 둘인 회(蚘)라는 벌레가 있었다.

맛있다! 맛있어! 냠냠!

꽉꽉! 찍찍!

두 입이 먹이를 먼저 먹겠다고 서로 물어뜯다가 결국 죽게 되었다.

나라의 관리들이 사리사욕을 위해 다투면 국가의 멸망을 초래한다.
모두 회와 같은 벌레들이다.

백락의 가르침

말을 잘 감정하기로 유명한 백락은 미운 사람에겐 천리마 고르는 법을 가르치고,

좋아하는 사람에겐 평범한 말 고르는 법을 알려줬다.

천리마는 보기조차 어려워서 천리마 감정하는 사람은 일감이 없지만, 보통 말 고를 일은 많기 때문에 이득이 많거든.

뛰어난 인재는 천년에 한번 나오기도 어렵다. 진정으로 국가와 사회를 책임질 기둥들은 평범한 인재들이다. 중견 인물들을 잘 등용하는 것이 현명한 임금의 능력이다.

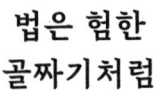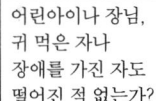

백성들이 물불을 가리지 않게 하라

월왕 구천이 복수를 위해 오나라를 공격하려고 훈련 성과를 시험했다.

누각에 불을 지르고 북을 치니 백성들이 앞다투어 불을 껐다. 이는 보상이 있기 때문이었으며

물가에서 북을 치자 앞다투어 물을 건넜다. 이것도 보상이 있기 때문이었다.

전쟁터에서 북을 치니 백성들은 전진하였고, 머리가 잘려 나가고 배가 갈라져도 용감하게 싸웠다. 반드시 보상이 있기 때문이었다.

확실한 상벌은 물불을 가리지 않게 한다. 법에 따라 현명하고 능력 있는 인재를 쓰면 그 효과는 더욱 크다.

인의란 농담일 뿐

아이들이 흙을 밥, 흙탕물을 국, 나무를 고기라 하며 놀았다.

나 저녁에 집에 가서 밥 먹을래!

배고프면 흙밥이랑 흙국을 먹어!

이건 장난감이야. 이걸 어떻게 먹니?

옛부터 내려오는 노래가 좋다 해도
지금에 와서는 절실하지 못하고
선왕의 인의도 그대로 활용할 수 없다.
다만 장난 삼아 이야기할 뿐 실용적이지 못하다.

사랑이
지나치면
법이
바로서지
못한다

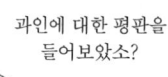

모두들 대왕께서 자혜롭다 합니다.

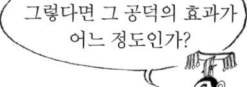

위나라 혜왕이 복피에게 물었다.

대왕의 공덕에 나라가 망할 지경입니다.

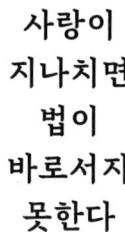

자혜란 좋은 것인데 나라가 망할 지경이라니 무슨 말이오?

자(慈)는 잔인하지 않다는 뜻이고, 혜(惠)는 남에게 베푼다는 것입니다. 잔인하지 않아 죄인을 벌하지 않고 베풀기를 좋아해 공로 없이 보상한다면 나라가 망하지 않겠습니까?

인애가 지나치면 항상 관대해져 법도를 세우기가 어려우며, 위엄이 부족하면 신하가 왕을 범하게 된다. 게다가 형벌이 확실하지 않으면 금지령을 지키는 사람이 없는 무법천지가 된다.

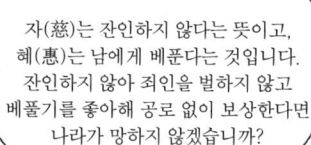

숫자만 맞춘 합주와 독주

제나라 선왕이 생황 연주를 감상할 때는 보통 삼백 명이 합주하였다.

그중 남곽처사는 연주에 능하지 못했지만 악대 틈에서 날을 보냈다.

선왕이 죽은 뒤 민왕이 즉위했다. 민왕도 생황 연주를 좋아했다.

그러나 그는 독주를 즐겼기 때문에

남곽처사는 그만 도망가고 말았다.

군주가 신하와 대면하여 의견을 들어보면 지혜로운지 어리석은지를 금방 알 수 있다. 지혜롭지 못한 자는 대충 넘어갈 방법이 없다.

"알리노라!
불을 끄다가 죽은 자는
적을 죽이고 전사한 자와 같은 상을 내리고,
불을 끄고 산 사람은 적에게 이긴 것과 같은
상을 내릴 것이다."

그렇지만 불을 끄지 않은 자는
적에게 항복한 사람과
같은 벌을 내릴 것이다.

백성들은 몸에 방화약을 바르고
젖은 옷을 입은 채 불속에 뛰어들었다.

목숨 걸고 불을 끄러 온 백성이
좌우 삼천 명씩이나 되었다.

상을 후하게 하고 벌을 중하게 하면
백성을 효과적으로 지휘할 수 있다.
상벌을 적절히 운용하는 것이
승리의 절대 조건이다.

백성들로 하여금
활 쏘는 법을 익히게 하다

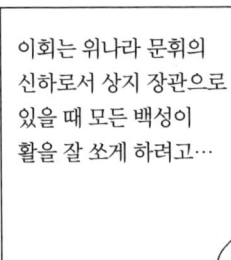

이회는 위나라 문휘의 신하로서 상지 장관으로 있을 때 모든 백성이 활을 잘 쏘게 하려고…

만약 송사의 판결을 내리기 어려운 경우에는 활 쏘기로 승패를 가리겠다.
명중시킨 자가 승소한 것으로 판결한다.

이렇게 명령했다.

명령이 떨어지자 백성들은 밤낮 없이 활 쏘기를 익혔다.

인간의 본성은 이기적이므로 자신이 설정한 목표에 다른 사람을 끌어들이려면 뭔가 이로움이 있음을 인식시켜야 한다. 그래야 목표를 이룰 수 있다.

얼마 후 진과의 전투가 있었다. 적들은 백성들의 탁월한 활 솜씨에 사방으로 도망쳤다.

우롱

누군가 제왕에게 말했다.

"황하의 하백은 중요한 신인데 대왕께서는 왜 만나려 하지 않으십니까?"

"하백을 불러 만날 수 있단 말인가?"

"예. 제가 방법을 강구해 그를 불러내겠습니다."

그래서 강가에 높은 제단을 쌓았다.

"수리 수리 마수리!"

잠시 후 강물 속에서 커다란 물고기가 헤엄치는 것이 보였다.

"대왕 마마! 이분이 바로 하백이십니다."

한 사람을 과신하고 다른 사람의 의견을 참고하지 않으면 자기도 모르게 우롱당하기 쉽다.

자산이 죽은 뒤
유길의 형법이 엄하지 않아
도적의 세력이 창궐하였다.
마침내 유길이 직접 군사를 이끌고
나선 뒤에야 평정할 수 있었다.

내가 진작
자산의 유훈을 따랐다면
오늘처럼 후회하진
않았을 텐데….

그리고 유길은 깊이 뉘우쳤다.

인자함이 지나치면 법도를
세우기 어렵고, 위엄이 부족하면
신하가 임금을 넘볼 것이다.
또한 형법이 확고하지 않으면
금지령이 제대로 지켜지지 않는다.

아내의 기도

위나라의 한 부부가
고사를 지내며 복을 빌었다.

신령님!
저는 많은 돈은 필요 없고
그저 베 백 필만
청하옵니다.

65

군신의 입장이 다르면 이익도 종종 다르기 때문에, 신하는 충성을 다하지 않고 자신의 이익만을 생각한다.

태자는 아직 태어나지 않았다

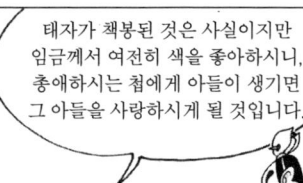
태자가 책봉된 것은 사실이지만 임금께서 여전히 색을 좋아하시니, 총애하시는 첩에게 아들이 생기면 그 아들을 사랑하시게 될 것입니다.

그리되면 그 아들을 태자로 책봉하려 하실 테니 아직 태자가 태어나지 않았다 말씀드린 것입니다.

종종 임금 개인의 취향이 일정치 않아 원칙을 바꾸는 경우가 많다.
결과적으로 신하들이 종잡을 수 없게 되어 내란이 끊이지 않게 된다.

타지 않은 머리카락

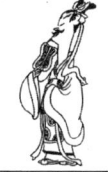
가서 요리사를 불러오너라.

진나라 문공이 밥을 먹다가 불고기에 머리카락이 붙어 있는 것을 발견했다.

내가 목이 막혀 죽기를 바라는가? 어찌하여 불고기에 머리카락을 넣었는고?

오늘날 사람들이 옛사람의 도를 배우고자 할 때
지금 시대에 맞추지 못하면 복씨부인처럼
헌 바지의 기운 부분까지 그대로 배우게 된다.

가시 끝에 조각한 원숭이

그릇이 둥글면
그 안의 물도 둥글게 변한다.

군주가 친히 실행하지 않으면
백성은 군주를 믿지 않는다.
백성은 종종 군주가 좋아하는 것을
따라 한다.

송양공의 인

송나라 우사마 구강이
양공에게 말했다.

송나라 양공이 탁곡에서 초나라와 전쟁했다.
송나라 군대는 이미 진을 쳤고,
초나라 군대는 아직 강을
건너고 있었다.

초군은 많고 저희 송군은 적으니
초군이 강을 건너는 틈을 이용해
진격하면 물리칠 수 있습니다.

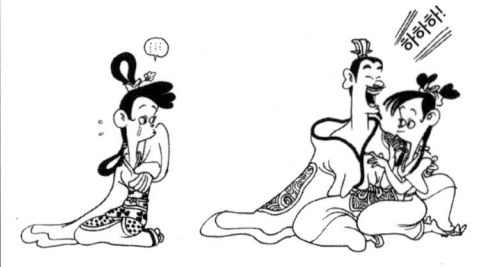

진나라에 도착하자 중이는 같이 온 몸종들만 좋아하고 진 목공의 딸은 냉대했다.

허식은 일의 본질을 흐려놓기 쉽다. 목공은 딸을 결혼시킨 게 아니라 몸종들을 결혼시킨 꼴이 되었다.

수레 축만 못한 나무 연

묵자는 삼 년이나 걸려 나무 연을 만들었으나 하루 만에 망가지고 말았다.

선생님의 손재주는 정말 대단하십니다. 나무로 하늘을 나는 연을 만드시다니.

수레축 만드는 사람보단 못하지요.

백마는 말이 아니다

송나라 변설가 예열이 백마는 말이 아니라고 주장했다. 많은 변설가도 그를 말로써 이길 수 없었다.

백마는 말이 아니다.

어느 날, 그가 백마를 타고 관문을 통과하려는데…

사람은 천 원, 말은 이천 원이오.

요금소

하지만 백마는 말이 아니오!

백마가 말이 아니면 양이란 말이오?

당신이 이겼다 칩시다.

논리와 이론이 사실을 당해낼 수 없다. 황당한 논리에 근거하여 많은 변설가를 이길 수는 있어도 사실에 부딪치면 관문의 문지기도 이길 수 없다.

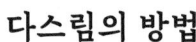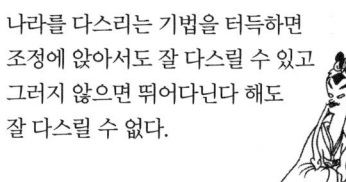

쓸모없는 조롱박

송나라 굴곡이 제나라 전중거사를 찾아가 말하였다.

"제가 듣기로 선생께서는 절대로 남에게 의지하지 않으신다지요. 제게 돌처럼 단단하고 두꺼워서 구멍이 안 뚫리는 호리병이 있는데 선생께 드릴까 합니다."

"조롱박은 무언가를 담을 수 있어 귀한 것인데 표피가 너무 두꺼워 구멍을 낼 수 없다면 술을 담을 수 없고"

"돌처럼 단단해서 물을 퍼내는 바가지로도 쓸 수 없다면 그런 조롱박이 무슨 소용 있겠소?"

"그 말씀이 맞습니다. 버리는 게 낫겠지요."

"따라서 남에게 의지하지 않는다는 전중은 나라에 쓸모없는 인물이니 굳고 단단한 조롱박과 다를 바 있겠는가?"

채찍에 그린 그림

마침내 다 그렸다!

어떤 사람이 주나라 임금을 위해 삼 년 동안 말 채찍에 그림을 그렸다.

옷칠을 한 보통 채찍과 다를 바 없네!

열 짝 되는 담을 쌓고 거기에 팔 자 창문을 뚫은 다음, 해가 뜰 무렵 말 채찍을 창문 위에 놓고 비춰보십시오.

좋다! 그리 해보지.

주임금이 그 말대로 해보니 정말 채찍에 용과 뱀, 짐승, 마차가 그려진 것이 보였다.

상자를 사고 보석은 돌려주다

지나치게 화려한 수식으로
주객이 전도되는 경우가 종종 있다.
학문에서 중요한 것은 그 내용이지 문장의 수식이 아니다.
수식에 치우치면 정작 중요한 본체를 소홀히기 쉽다.

자가당착

한나라 소후가 신불해에게 말했다.

법을 시행하기란
정말 어렵구려!

법을 만들어놓고
주위의 청을
받아들이기 때문에
법이 엄격하게
집행되지 않는 것입니다.

도깨비 그리기가 제일 쉽다

제나라 왕을 위해 그림을 그리는 사람이 있었다.

무엇을 그리는 게 가장 어려운가?

개나 말이 어렵습니다.

그럼 뭘 그리는 게 제일 수월한가?

도깨비입니다.

개나 말은 늘 보는 것이니 똑같이 그려야 하지만 도깨비는 형체가 없고 아무도 본 적이 없으니 오히려 그리기 쉽습니다.

임금이 여론을 들을 때 어떤 것은 심원하지만 효용이 없는 것들도 있다.
형태가 없는 것은 쉽게 조작할 수 있다.
진짜 밥을 먹으려면
진흙밥에 흙탕국을 들 것이 아니라
집에 가면 된다.

어느 부인의 인자함

정현에 사는 복 선생의 부인이 시장에서 자라를 사서 집에 가다가…

너 목마르지?

강에서 물 좀 마시고 와. 도망 가면 안 된다!

돌아와! 이 배은망덕한 놈!

어진 사람은 남을 이롭게 하면서 결코 보답을 바라지 않는다.
보통 사람들은 남을 도와주고 보답을 바라므로 비난과 원망이 생긴다.

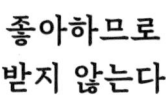

좋아하므로 받지 않는다

노나라 재상 공의휴는 생선을 무척 좋아했다.

하지만 백성들이 사 바치면 일절 받지 않았다.

생선을 그리 좋아하시면서 왜 받지 않으십니까?

그의 동생이 매우 궁금해서 물었다.

만약 받는다면 신세를 지는 것이니, 어쩔 수 없이 정에 얽매여 법을 어기게 될 테고, 법을 어기면 면직될 게다.

그리 되면 생선을 먹고 싶어도 줄 사람이 없고, 직접 사 먹기도 어려워지겠지.

받지 않으면 면직되지 않을 테고 생선을 먹고 싶을 때 언제든 사 먹을 수 있지 않겠니?

작은 이익 때문에 큰 절개를 잃지 않도록 해야 한다. 남보다는 자신에게 의지하고, 남의 도움을 구하기보다 자신에게서 구하라.

현인을 감추지 않는다

소실주는 고대의 청렴한 인물로 조양왕의 경호원이었다.

한번은 그가 중모의 서자와 힘을 겨루다 패하여 자기 대신 서자를 양왕에게 추천하였다.

청하건대 서자를 채용하여 저의 임무를 대신하도록 해주시옵소서.

모두가 부러워하는 자리인데 어찌하여 그대 대신 서자를 추천하는고?

제 소임은 힘으로 하는 일인데 저보다 힘이 센 그를 추천하지 않으면 뒷말이 나올 것입니다.

임금은 인재를 잘 써야 하고 신하도 재능을 부풀려서 요구해서는 안 된다. 관리들에게는 모두 소실주 같은 자세가 필요하다.

은혜를 베풀고 보답을 바라다

임금의 권위가 추락했을 때는 직언을 피해야 한다.
사적인 정이 지나치면 임금의 위엄이 줄어든다.
관중은 공을 기준으로 사람을 쓰는 인물이므로
관문지기가 원망하고 비방한 것이다.

공과 사를 구별하다

해호가 자기의 원수를 조나라 간자에게 재상으로 추천하자

그의 원수는 원한이 다 풀린 줄 알고 해호의 집에 가 감사 인사를 했다.

내가 그대를 재상으로 추천한 것은 그대가 최적임자이기 때문이오. 그것은 공적인 일이지.

그대와의 사적인 원한은 그대로요. 사적인 원한으로 천거하지 않는 것은 내가 바라는 바가 아닐 뿐이오.

신하로서 나라를 위해 국사를 논할 때 사적인 원한이 개입되어서는 안 된다. 해호가 원수를 추천한 것은 공적인 일이요, 원수와의 원한은 사적인 일로, 해호는 공사가 분명한 사람이다.

태자도 법을 지켜야 한다

그리하여 왕은 그 수문장을 두 계급 특진시켰다.

국가의 질서는 객관적이고 공평한 법 집행에 의해 확립된다. 사사로운 정으로 법을 집행해서는 안 된다.

오기의 아내

대장군 오기가 아내에게 띠를 하나 주면서 부탁했다.

이것과 똑같은 띠를 하나 짜주시오.

예.

왕의 조건

제나라 왕후 간택

임금이 자신의 호불호를 쉽게 드러내면 관리는
그에 맞춰 임금의 마음을 사려고 한다.
그러면 임금은 사물을 올바르게 볼 수 없게 된다.
신하가 임금의 의향을 헤아려 위해를 부리면
임금의 권위가 떨어지게 된다.

임금이 해야 할 일

그러나 소왕은 열 쪽도 채 못 읽고 꾸벅꾸벅 졸았다.

이 법률책은 재미가 없어 더 이상 못 보겠소.

직위에는 구별이 있고 각자의 본분이 있는 법이다.
한 나라의 임금이 권력을 장악함에 소홀히 하고,
신하가 해야 할 일을 하려 하니 당연히 졸릴 수밖에 없다.

치국의 기술

조보가 밭에서 김을 매는데 아버지와 아들이 수레를 타고 지나려 했다. 그런데 어째선지 말이 겁에 질려 앞으로 가지 못했다.

번거로우시겠지만 수레를 좀 밀어 주시겠습니까?

그러지요.

전련과 성규는 거문고를 잘 타는 천하의 음악가였다.

만약 전련이 거문고를 위에서, 성규가 아래에서 뜯는다면 어떤 곡도 연주하지 못할 것이다.

아무리 뛰어난 솜씨라도 보조가 맞지 않으면 함께할 수 없다. 임금이 어찌 신하와 권력을 공동으로 잡고 나라를 다스리겠는가?

요순의 장점을 다 갖기는 어렵다

역산의 농민들이 남의 밭 경계를 자주 침범하자 순이 그곳에 가서 일 년간 농사를 지었다. 그러자 밭의 경계가 명확해졌다.

강가의 어부들이 어장을 놓고 심하게 다투자, 순이 그곳에서 일 년간 고기를 잡았다. 그러자 연장자에게 양보하는 풍습이 생겼다.

자산의 판단

자산이 동장을 지나가는데
어느 부인의 울음소리가 들렸다.

호랑이에 날개를 달아준 꼴

주서에 이르기를
"호랑이에게 날개를 달아주지 말라. 장차 마을에 날아들어 사람을 잡아먹을 것이다."

악한 무리에게 권세를 취하게 하는 것은 호랑이에게 날개를 달아주는 것과 같다.

폭군 걸과 주는 으리으리한 누각과 깊은 못을 파고 포락형으로 백성을 억압했다. 천자의 위세가 날개 역할을 했던 것이다.

만약 걸왕과 주왕이 일개 범부였다면 죄를 짓는 즉시 벌을 받아 죽었을 것이다.

권세란 난폭한 호랑이와 늑대의 심성에 불을 지르기 쉬우니 실로 큰 근심거리가 아닐 수 없다.

현인의 치세는 덕화를 중시할 뿐
강압적 수단을 쓰지 않는다.
그러나 위세의 다스림은
강압적인 수단을 사용한다.
창과 방패처럼 현인의 인치와
위세의 법치는 함께 가기 어렵다.

좋은 약은 입에 쓰다

옛말에 정치는 머리 감는 것과 같다 했다.
머리카락이 빠져도 감지 않을 수 없는 것이다.

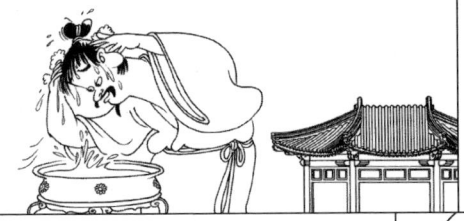

고름을 짜내고 피를 뽑는 것은
무척 고통스럽고…

쓴 약을 마시는 것도 힘들다.

그러나 아픈 것이 두렵고 쓴 것이 싫다고 고름을 짜지 않고 약을 먹지 않으면 병을 고칠 수 없다.

머리카락 빠지는 것이 아쉬워 새 머리카락이 자라는 것을
소홀히 한다면, 일의 경중을 모르는 사람이다.

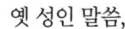

개미집에 걸려 넘어지다

옛 성인 말씀,
"산에 걸려 넘어지는 일은
없으되 개미집에 걸려 넘어질 수는 있다."

산은 크기 때문에 늘 조심하지만
개미집은 작다고 얕잡아보기 때문이다.

따라서 형벌이 가벼우면 백성들도
대수롭지 않게 법을 어기고
범법자를 벌하지 않으면 온 백성이
범죄를 저지르고 말 것이다.

그것은 백성을
죄를 짓게 하는 함정에
빠뜨림과 같다.

백성들에게 가벼운 벌은 개미집과 같아
국가의 기강을 해치고
백성을 함정에 빠뜨린다.

토끼를 기다리다

송나라 사람이 밭을 갈다가…

쿵!

하하하! 가만히 앉아서 토끼 한 마리를 거저 얻다니 이거 불로소득일세.

그 뒤로 농부는 농사일을 팽개치고 그루터기 곁에서 토끼를 기다렸다. 그러나 토끼는 끝내 다시 나타나지 않았다.

임금이 된 자가 선왕의 도만으로 백성을 다스릴 수는 없다. 옛 방식으로만 다스린다면 마치 그루터기 곁에서 토끼를 기다리던 농부처럼 어리석은 것이다.
우연은 우연일 뿐이다.

옷소매가 길면 춤을 잘 춘다

강한 진나라는
법을 열 번이나 바꾸었어도
거의 실패하지 않았다.

옷소매가 길면 춤추기 쉽다는
속담이 있으며

돈이 많으면 장사하기가
수월해 돈을 쉽게 번다는
말도 있다.

약한 연나라는 법을 단 한 번
바꾸었는데도 성공하기 어려웠다.
이는 결코 진나라 사람이 총명하고
연나라 사람이 어리석어서가 아니다.
양국의 내부 조건이 달랐기 때문이다.

기반이 튼튼하고 조건이 우월하면
일이 쉬워진다. 안정되고 강성해진 나라는
좋은 계책을 세우기 쉬워 부강해진다.
그러므로 내정이 강해지도록 힘쓰는 것이
필수적이다.